Impressum
Verlag: BABADADA GmbH, Nedderfeld 112 , 22529 Hamburg
Geschäftsführer / Verlagsleitung: Harald Hof
Druck: Books on Demand GmbH, In de Tarpen 42, 22848 Norderstedt

Imprint
Publisher: BABADADA GmbH, Nedderfeld 112 , 22529 Hamburg, Germany
Managing Director / Publishing direction: Harald Hof
Print: Books on Demand GmbH, In de Tarpen 42, 22848 Norderstedt, Germany

# школа

# məktəb

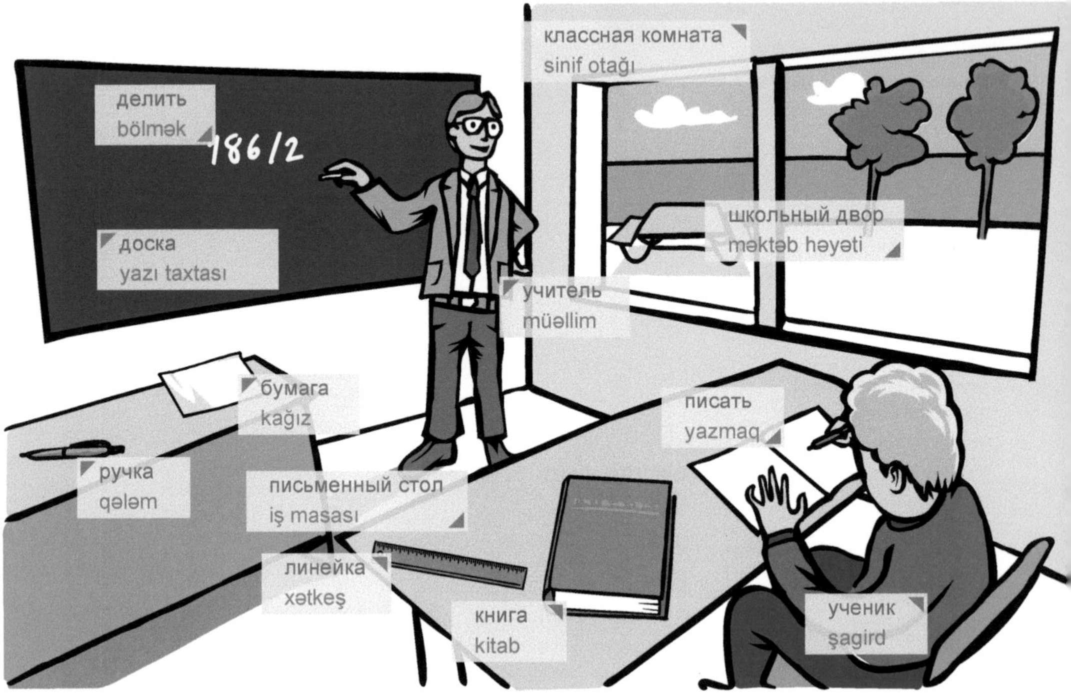

классная комната
sinif otağı
делить
bölmək
186/2
доска
yazı taxtası
школьный двор
məktəb həyəti
учитель
müəllim
бумага
kağız
писать
yazmaq
ручка
qələm
письменный стол
iş masası
линейка
xətkeş
книга
kitab
ученик
şagird


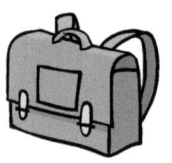

ранец

məktəbli çantası

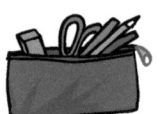

пенал

karandaş qabı

карандаш

karandaş

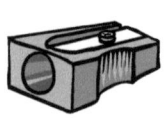

точилка

karandaş yonan

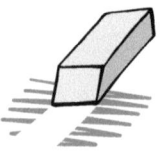

ластик

pozan

альбом для рисования

rəsm albomu

рисунок

rəsm

кисточка

boya fırçası

коробка красок

boya qutusu

ножницы

qayçı

клей

yapışdırıcı

тетрадь

dəftər

домашняя работа

ev tapşırığı

цифра

say

прибавлять

əlavə etmək

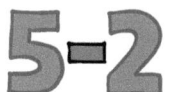

вычитать

çıxmaq

умножать

vurmaq

считать

hesablamaq

буква

hərf

алфавит

əlifba

hello

слово

söz

текст

mətn

читать

oxumaq

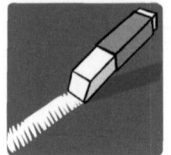

мел

tabaşir

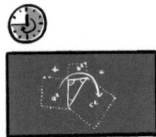

урок

dərs

классный журнал

sinif jurnalı

экзамен

imtahan

диплом

təhsil haqqında sənəd

школьная форма

məktəb uniforması

образование

təhsil

энциклопедия

ensiklopediya

университет

universitet

микроскоп

mikroskop

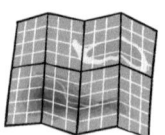

карта

xəritə

корзина для бумаг

zibil qutusu

# путешествие

# səyahət

гостиница
mehmanxana
Grand
турбаза
yataqxana
ROOMS
пункт обмена валюты
valyuta mübadiləsi məntəqəsi
EXCHANGE
чемодан
çamadan
автомобиль
avtomobil


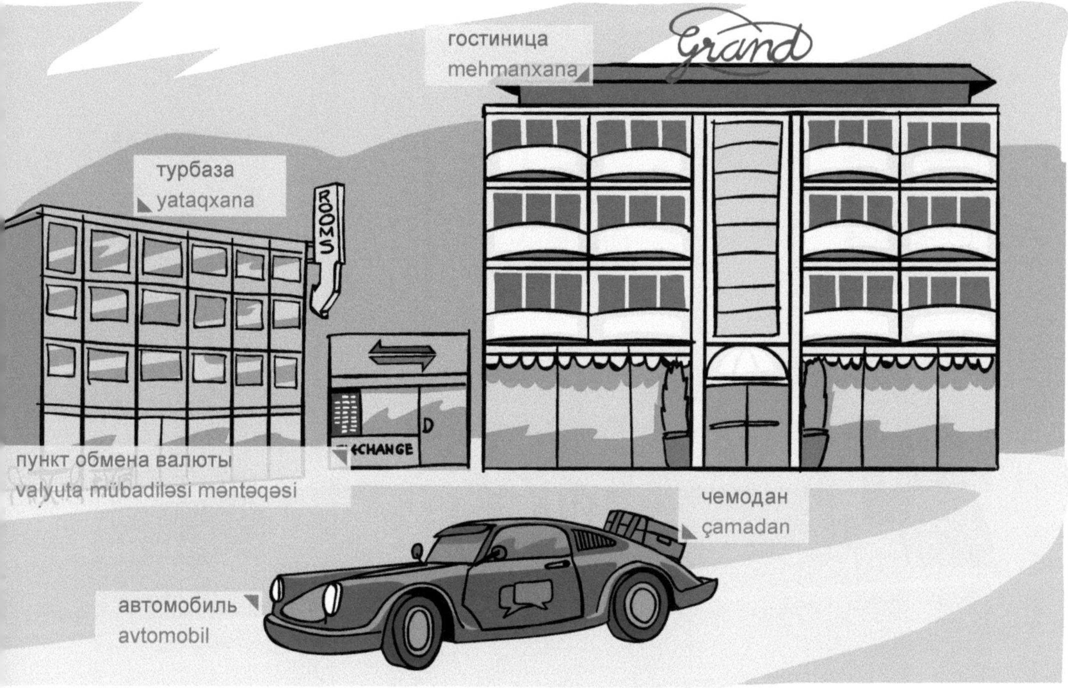

язык

dil

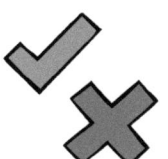

да / нет

bəli/xeyr

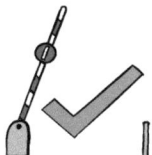

хорошо

oldu

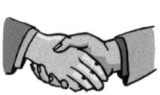

Привет

salam

переводчик

tərcüməçi

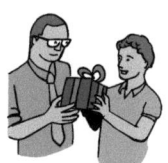

Спасибо

Təşəkkür edirəm

Сколько стоит...?

giyməti nə qədərdir ...?

Я не понимаю

mən başa düşmürəm

проблема

problem

Добрый вечер!

Axşamınız xeyir!

Доброе утро!

Sabahınız xeyir!

Доброй ночи!

Gecəniz xeyrə galsin!

До свидания

hələlik

направление

istiqamət

багаж

baqaj

сумка

torba

рюкзак

kürək çantası

гость

qonaq

комната

otaq

спальный мешок

yataq-çuval

палатка

çadır

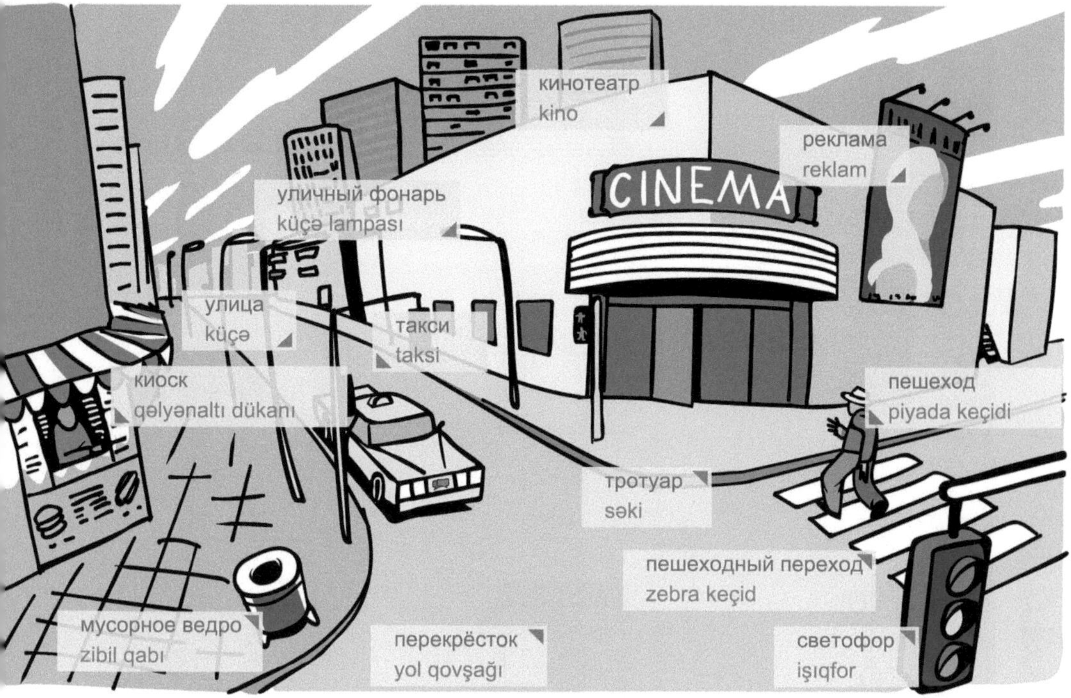

кинотеатр
kino
реклама
reklam
CINEMA
уличный фонарь
küçə lampası
улица
küçə
такси
taksi
киоск
qəlyənaltı dükanı
пешеход
piyada keçidi
тротуар
səki
пешеходный переход
zebra keçid
мусорное ведро
zibil qabı
перекрёсток
yol qovşağı
светофор
işıqfor

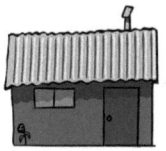

хижина

daxma

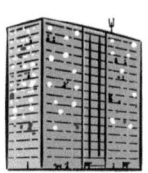

квартира

mənzil

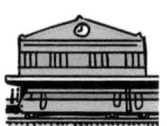

вокзал

dəmir yolu stansiyası

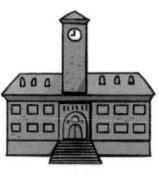

ратуша

bələdiyyə binası

MUSEUM

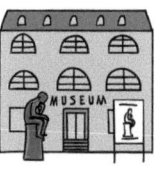

музей

muzey

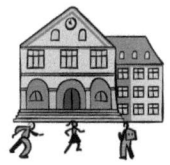

школа

məktəb

университет

universitet

банк

bank

больница

xəstəxana

гостиница

mehmanxana

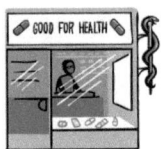

аптека

aptek

офис

ofis

книжный магазин

kitab dükkanı

магазин

dükan

цветочный магазин

çiçək dükanı

супермаркет

supermarket

рынок

bazar

универмаг

univermaq

торговец рыбой

balıq satıcısı

торговый центр

ticarət mərkəzi

порт

liman

парк

park

скамейка

oturacaq

мост

körpü

лестница

pilləkən

метро

metro

тоннель

tunel

автобусная остановка

avtobus dayanacağı

бар

bar

ресторан

restoran

почтовый ящик

poçt qutusu

табличка с названием
улицы

küçə nişanı

паркометр

parkinq sayğacı

зоопарк

zoopark

бассейн

üzgüçülük hovuzu

мечеть

məscid

ферма

ferma

загрязнение окружающей среды

ətraf mühitin çirklənməsi

кладбище

məzarlıq

церковь

kilsə

детская площадка

oyun meydançası

храм

məbəd

## ландшафт
## mənzərə

лист
yarpaq

дорожный указатель
yol nişanı

дорога
yol

луг
çəmən

камень
daş

путешественник
piyada səyyah

дерево
ağac

река
çay

трава
ot

цветок
gül

долина

vadi

гора

təpə

озеро

göl

лес

meşə

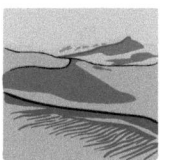

пустыня

səhra

вулкан

vulkan

замок

qəsr

радуга

göy qurşağı

гриб

göbələk

пальма

palma

комар

ağcaqanad

муха

milçək

муравей

qarışqa

пчела

arı

паук

hörümçək

жук

böcək

лягушка

qurbağa

белка

dələ

еж

kirpi

заяц

dovşan

сова

bayquş

птица

quş

лебедь

qu quşu

кабан

qaban

олень

maral

лось

sığın

плотина

su bəndi

ветряной генератор

külək turbini

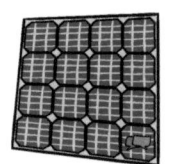

солнечная батарея

günəş batareyası

климат

iqlim

# ресторан
# restoran

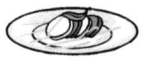

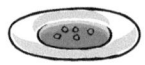

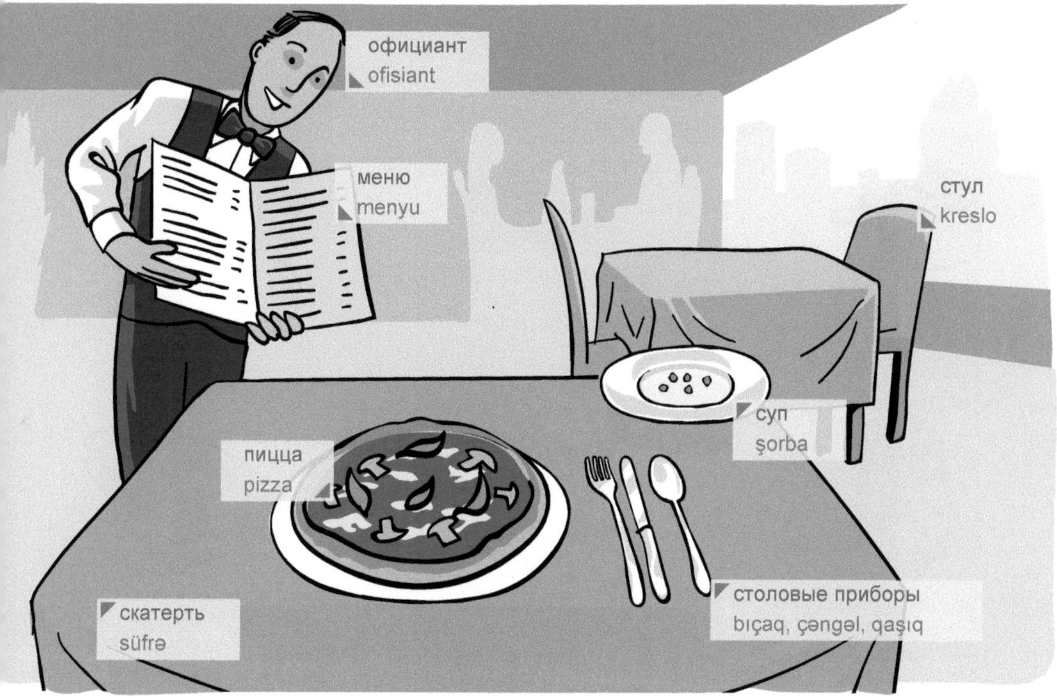
официант
ofisiant
меню
menyu
стул
kreslo
суп
şorba
пицца
pizza
скатерть
süfrə
столовые приборы
bıçaq, çəngəl, qaşıq

закуска

məzə

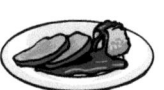

главное блюдо

əsas yemək

десерт

desert

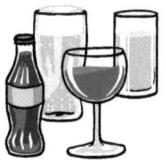

напитки

içkilər

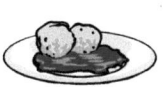

еда

yemək

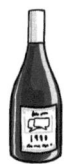

бутылка

şüşə

фастфуд

fast food

уличная еда

küçə yeməkləri

чайник

çaynik

сахарница

qəndqabı

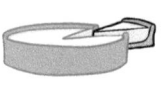

порция

pay

кофеварка

espresso maşını

детский стульчик

hündür uşaq kreslosu

счет

faktura

поднос

nimçə

нож

bıçaq

вилка

çəngəl

ложка

qaşıq

чайная ложка

çay qaşığı

салфетка

salfet

стакан

şüşə

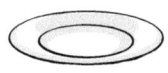

тарелка

boşqab

суповая тарелка

şorba boşqabı

блюдце

nəlbəki

соус

sous

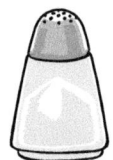

солонка

duz qabı

мельница для перца

bibərüyüdən

уксус

sirkə

масло

duru yağ

специи

ədviyyat

кетчуп

ketçup

горчица

xardal

майонез

mayonez

# супермаркет

# supermarket

специальное предложение
xüsusi təklif
FOR
покупатель
müştəri
молочные продукты
süd məhsulları
фрукты
meyvə
тележка для покупок
alış-veriş arabası


BUTCHERS


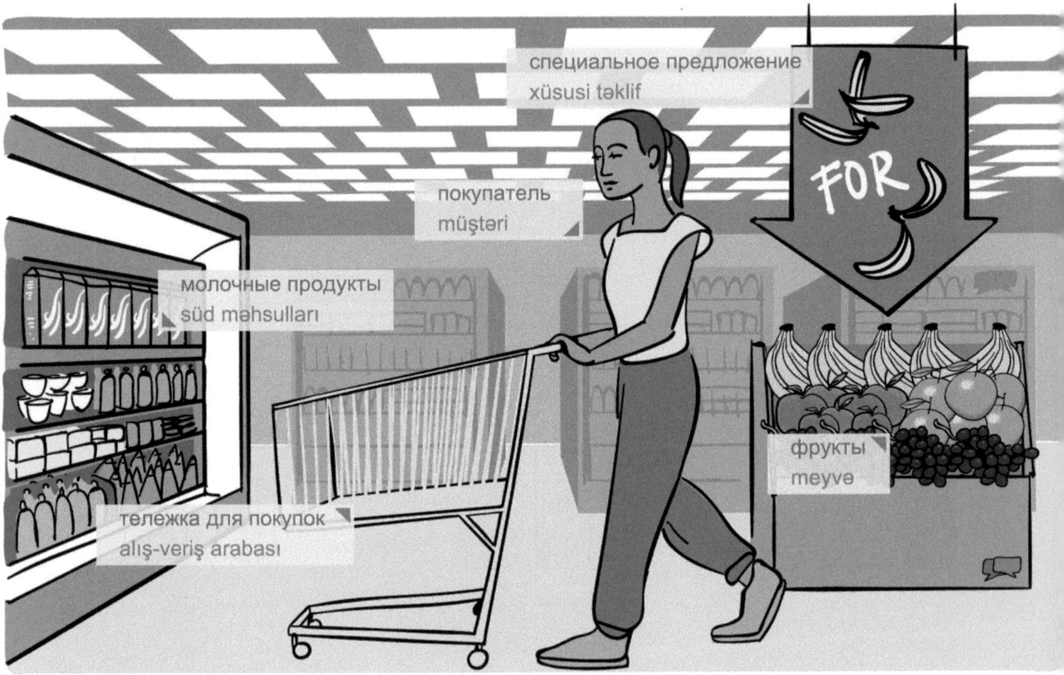

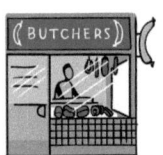

мясной магазин

qəssab dükanı

BAKERY

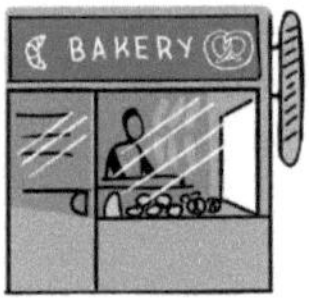

пекарня

çörəkçi

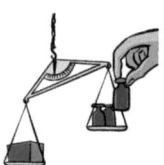

взвешивать

çəkmək

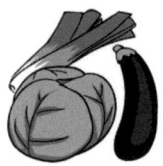

овощи

tərəvəz

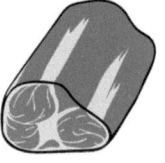

мясо

ət

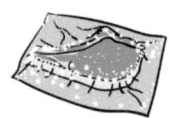

быстрозамороженные продукты

dondurulmuş qida

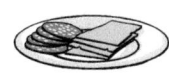

нарезка

soyuq ət yeməyi

консервы

konservləşdirilmiş qida

стиральный порошок

yuyucu toz

сладости

şirniyyat

предмет домашнего обихода

təsərrüfat malları

моющее средство

yuyucu vasitələr

продавщица

satıcı

касса

kassa

кассир

kassir

список покупок

alış-veriş siyahısı

время работы

iş saatları

бумажник

pul kisəsi

кредитная карточка

kredit kartı

сумка

torba

полиэтиленовый пакет

plastik torba

вода

su

сок

şirə

молоко

süd

кока-кола

cola

вино

şərab

пиво

pivə

алкоголь

alkoqollu içkilər

какао

kakao

чай

çay

кофе

qəhvə

эспрессо

espresso

капучино

kapuçino

банан

banan

яблоко

alma

апельсин

portağal

арбуз

yemiş

лимон

limon

морковь

yerkökü

чеснок

sarımsaq

бамбук

bambuq

лук

soğan

гриб

göbələk

орехи

qoz-fındıq

лапша

əriştə

спагетти

spagetti

рис

düyü

салат

salat

картофель фри

cips

жареный картофель

qızardılmış kartof

пицца

pizza

гамбургер

hamburger

сэндвич

sandviç

шницель

eskalop

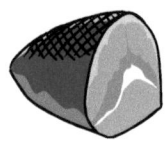

ветчина

hisə verilmiş donuz əti

салями

salyami

колбаса

kolbasa

курица

toyuq

жаркое

qızardılmış ət tikəsi

рыба

balıq

овсяные хлопья

yulaf yarması

мюсли

müsli

кукурузные хлопья

partlaq qarğıdalı

мука

un

круассан

kruassan

булочка

bulka

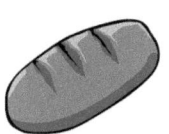

хлеб

çörək

тост

tost

печенье

peçenye

масло

kərə yağı

творог

kəsmik

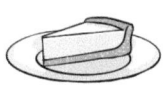

пирог

tort

яйцо

yumurta

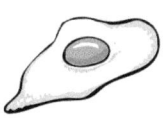

яичница

qayğanaq

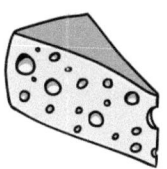

сыр

pendir

мороженое

dondurma

сахар

şəkər

мёд

bal

мармелад

mürəbbə

крем с нугой

şokolad pastası

карри

köri

# ферма
# ferma

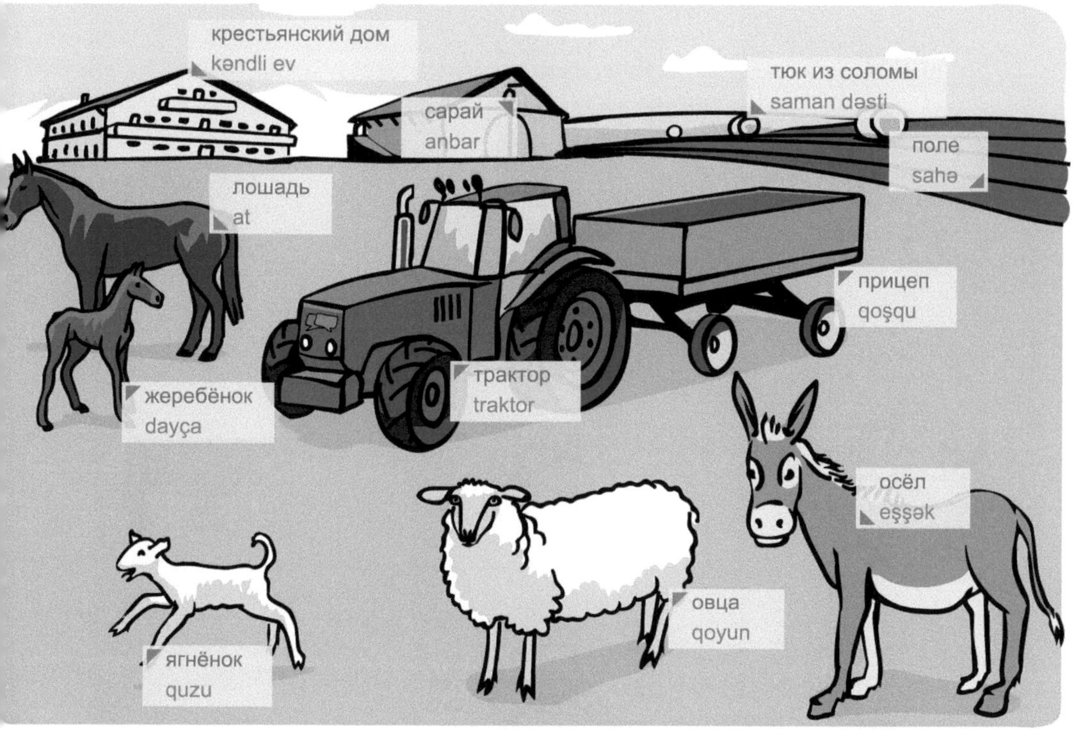

крестьянский дом
kəndli ev
сарай
anbar
тюк из соломы
saman dəsti
поле
sahə
лошадь
at
прицеп
qoşqu
трактор
traktor
жеребёнок
dayça
осёл
eşşək
овца
qoyun
ягнёнок
quzu


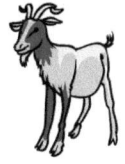

коза
keçi

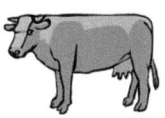

корова
inək

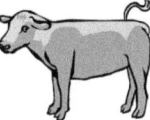

телёнок
dana

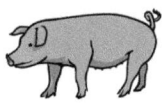

свинья
donuz

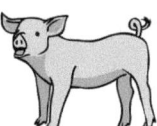

поросёнок
donuz balası

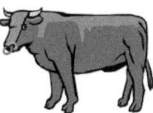

бык
öküz

гусь

qaz

утка

ördək

цыплёнок

cücə

курица

toyuq

петух

xoruz

крыса

siçovul

кошка

pişik

мышь

siçan

вол

öküz

собака

it

конура

itdamı

садовый шланг

bağ şlanqı

лейка

susəpən

коса

dəryaz

плуг

kotan

серп

oraq

мотыга

kətman

навозные вилы

yaba

топор

balta

тачка

əl arabası

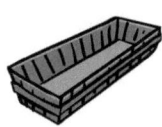

корыто

çalov

бидон для молока

süd bidonu

мешок

çuval

забор

çəpər

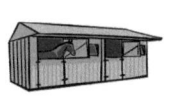

хлев

tövlə

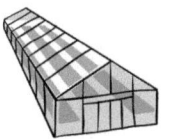

теплица

istixana

почва

torpaq

посев

toxum

удобрение

gübrə

комбайн

taxılbiçən kombayn

собирать урожай

məhsul yığmaq

урожай

məhsul yığımı

ямс

yam

пшеница

buğda

соя

soya

картофель

kartof

кукуруза

dən

рапс

raps

фруктовое дерево

meyvə ağacı

маниок

maniok

злаки

yarma

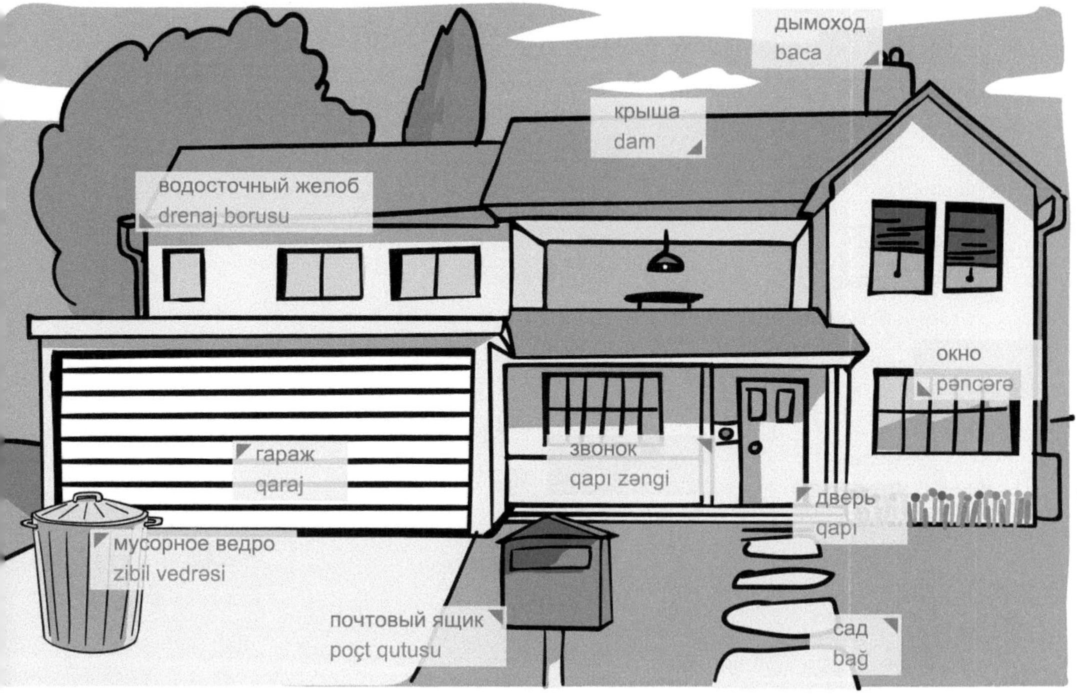

дымоход
baca

крыша
dam

водосточный желоб
drenaj borusu

окно
pəncərə

гараж
qaraj

звонок
qapı zəngi

дверь
qapı

мусорное ведро
zibil vedrəsi

почтовый ящик
poçt qutusu

сад
bağ

гостиная

qonaq otağı

ванная комната

hamam otağı

кухня

mətbəx

спальня

yataq otağı

детская комната

uşaq otaqı

столовая

yemək otağı

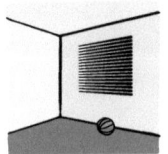

пол
döşəmə

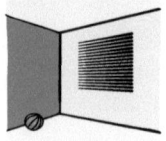

стена
divar

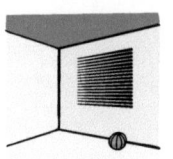

потолок
tavan

подвал
zirzəmi

сауна
sauna

балкон
balkon

терраса
terras

бассейн
üzgüçülük hovuzu

газонокосилка
otbiçən maşın

пододеяльник
mələfə

покрывало
yataq örtüyü

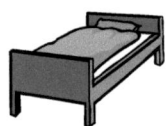

кровать
yataq

метла
süpürgə

ведро
vedrə

выключатель
elektrik açarı

# гостиная

## qonaq otağı

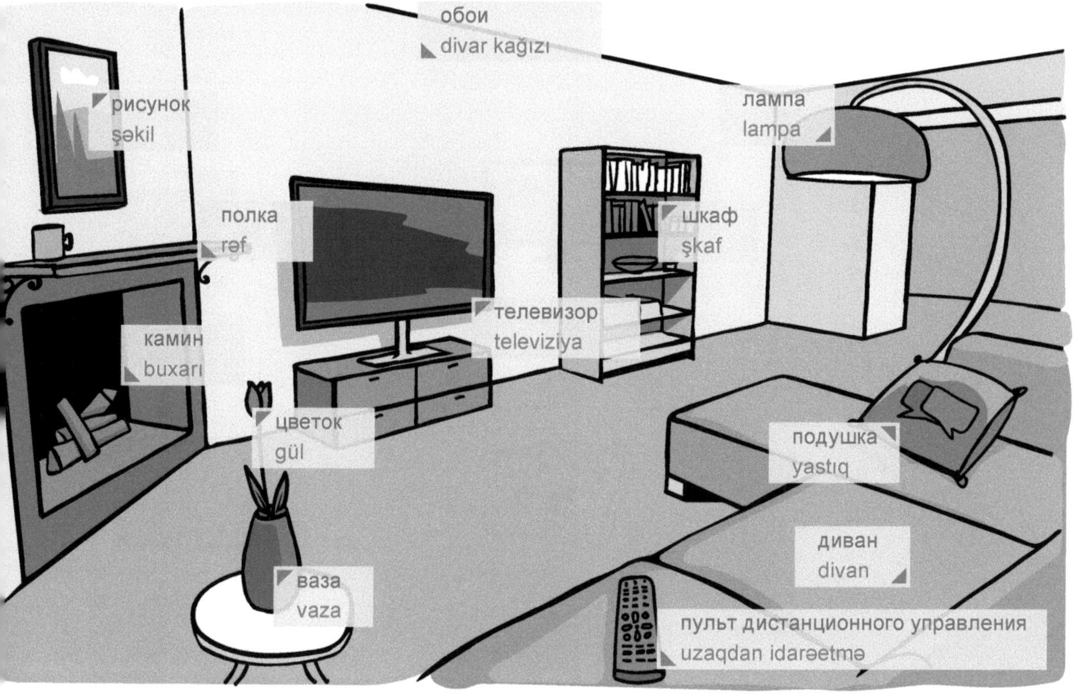

обои
divar kağızı
рисунок
şəkil
лампа
lampa
полка
rəf
шкаф
şkaf
телевизор
televiziya
камин
buxarı
цветок
gül
подушка
yastıq
диван
divan
ваза
vaza
пульт дистанционного управления
uzaqdan idarəetmə


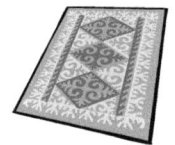

ковёр

xalça

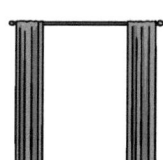

штора

pərdə

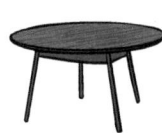

стол

masa

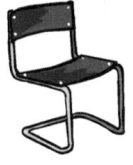

стул

kreslo

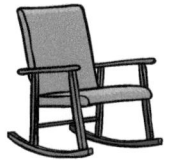

кресло-качалка

yırğalanan stul

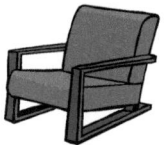

кресло

kreslo

книга

kitab

покрывало

yorğan

украшение

bəzək

дрова

odun

фильм

film

стереосистема

stereo səs sistemi

ключ

açar

газета

qəzet

картина

rəsm əsəri

плакат

plakat

радио

radio

блокнот

bloknot

пылесос

tozsoran

кактус

kaktus

свеча

şam

# кухня
# mətbəx

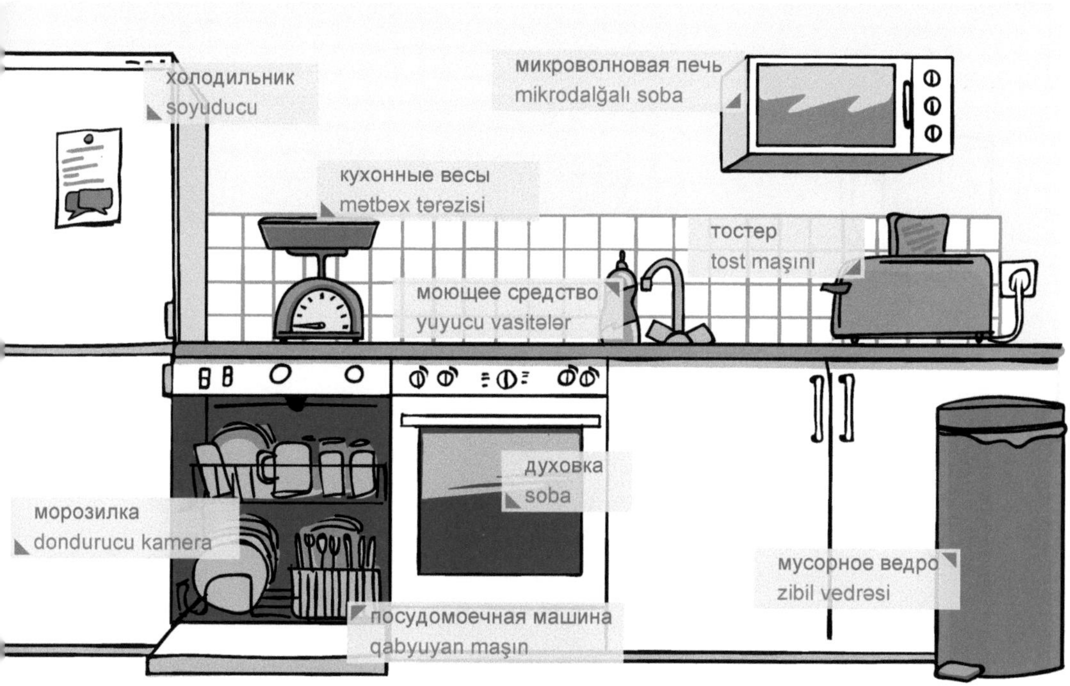
холодильник
soyuducu
микроволновая печь
mikrodalğalı soba
кухонные весы
mətbəx tərəzisi
тостер
tost maşını
моющее средство
yuyucu vasitələr
духовка
soba
морозилка
dondurucu kamera
мусорное ведро
zibil vedrəsi
посудомоечная машина
qabyuyan maşın

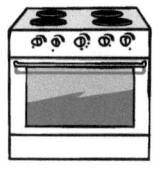

плита

soba

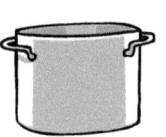

кастрюля

qazan

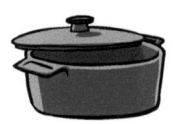

чугунный котелок

çuqun qazan

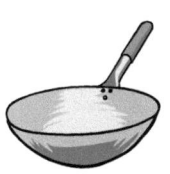

вок / кадай

vok / kadai

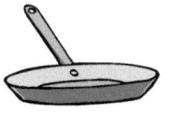

сковорода

tava

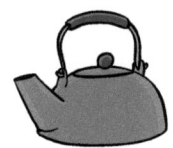

чайник

çaydan

пароварка

buxar qazanı

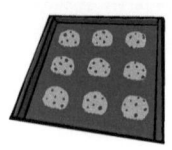

противень

sac

посуда

qab

кружка

fincan

миска

ləyən

палочки для еды

yemək üçün çubuqlar

половник

çömçə

лопатка

spatula

сбивалка

çırpıcı

сито

süzgəc

сито

ələk

тёрка

sürtgəc

ступка

həvəngdəstə

гриль

barbekyu

костёр

ocaq

доска

doğrama taxtası

скалка

oxlov

штопор

probkaçıxaran

жестяная банка

banka

консервный нож

bankaağzıaçan

прихватка

qabtutan

раковина

əl üz yuyan

щетка

fırça

губка

süngər

миксер

blender

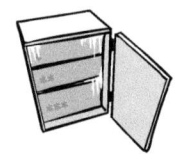

морозильная камера

dondurucu

бутылочка для кормления

körpə şüşəsi

кран

kran

# ванная комната

# hamam otağı

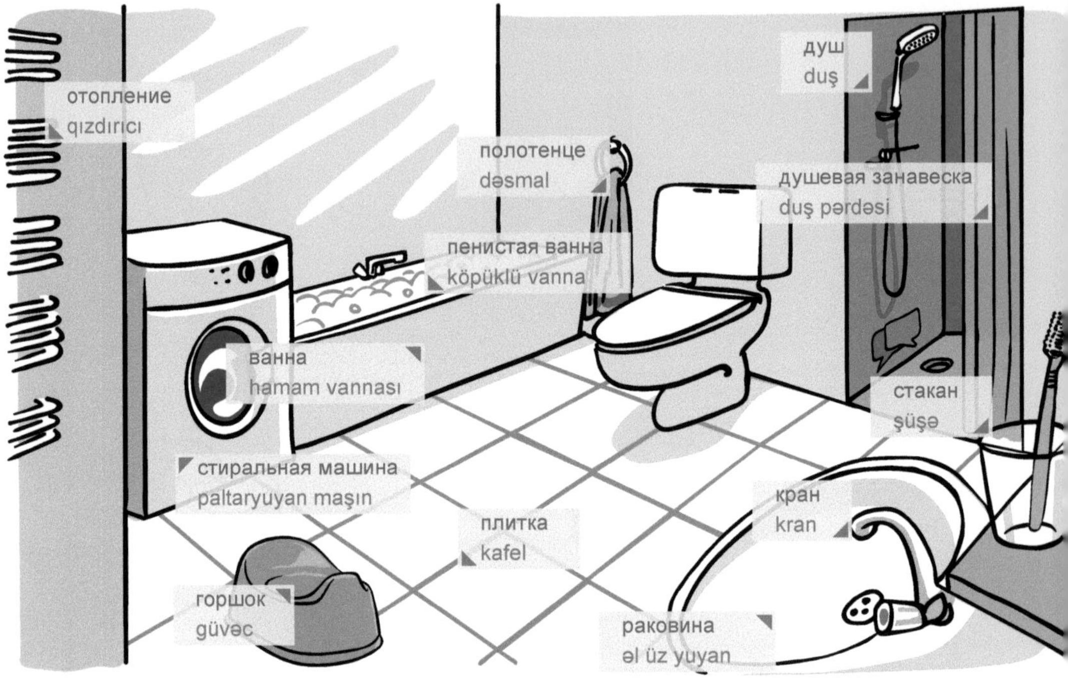

отопление
qızdırıcı
душ
duş
полотенце
dəsmal
душевая занавеска
duş pərdəsi
пенистая ванна
köpüklü vanna
ванна
hamam vannası
стакан
şüşə
стиральная машина
paltaryuyan maşın
кран
kran
плитка
kafel
горшок
güvəc
раковина
əl üz yuyan


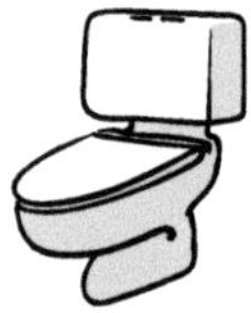

туалет

tualet

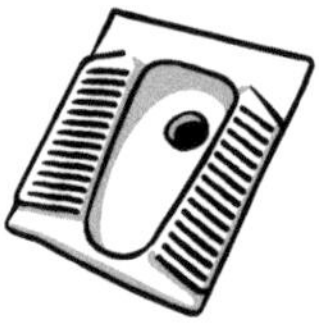

напольный унитаз

çömbəlmə tualet

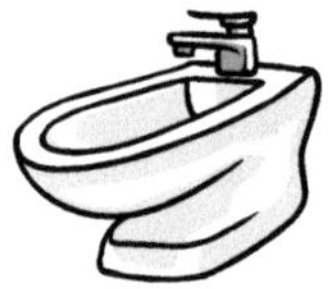

биде

bide

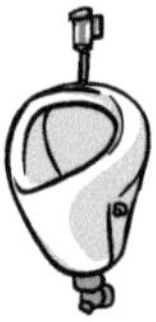

писсуар

urinal

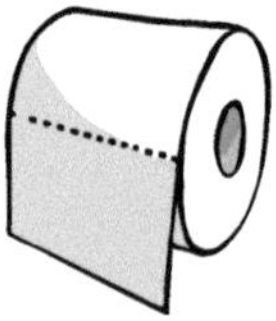

туалетная бумага

tualet kağızı

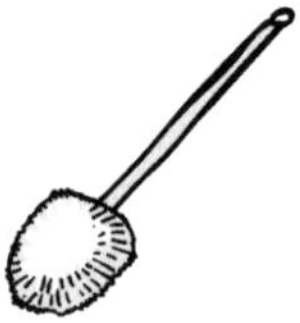

ершик

tualet fırçası

зубная щетка

diş fırçası

зубная паста

diş pastası

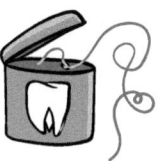

зубная нить

diş ipi

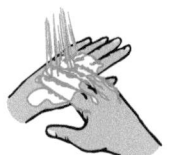

мыть

yumaq

ручной душ

əl duşu

интимный душ

intim duş

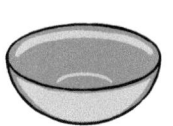

таз

taz

щетка для спины

bel fırçası

мыло

sabun

гель для душа

duş üçün gel

шампунь

şampun

мочалка

əsgi

сток

drenaj

крем

krem

дезодорант

dezodorant

зеркало

güzgü

ручное зеркало

əl güzgüsü

бритва

ülgüc

пена для бритья

üz qırxmaq üçün köpük

лосьон после бритья

təraşdan sonra su

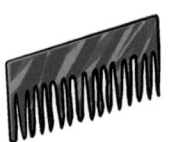

расческа

daraq

щетка

fırça

фен

fen

лак для волос

saç spreyi

косметика

makiyaj

губная помада

dodaq boyası

лак для ногтей

dırnaq lakı

вата

pambıq

маникюрные ножницы

dırnaq qayçısı

духи

ətir

косметичка

gigiyenik torba

табуретка

kətil

весы

tərəzi

халат

hamam xalatı

резиновые перчатки

rezin əlcək

тампон

tampon

гигиеническая прокладка

gigiyenik salfet

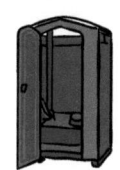

биотуалет

kimyəvi tualet

# детская комната

# uşaq otaqı

будильник
zəngli saat
мягкая игрушка
yumşaq oyuncaq
игрушечный автомобиль
oyuncaq avtomobil
погремушка
cingilti
кукольный домик
kukla evciyi
подарок
hədiyyə

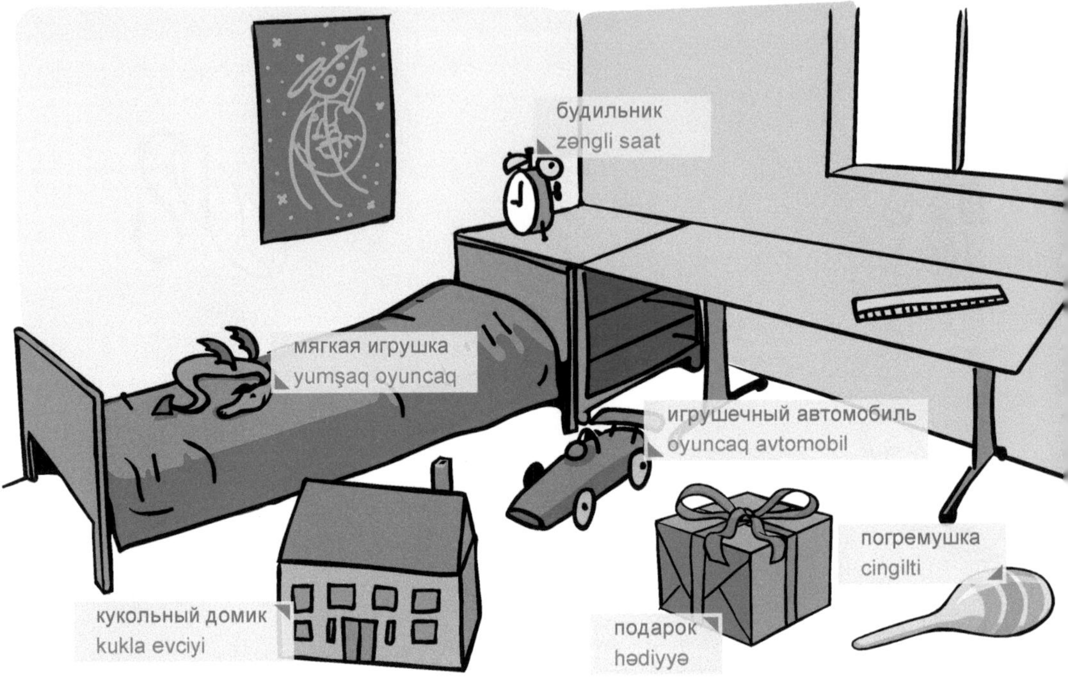

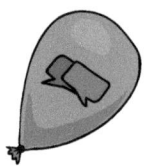

воздушный шар

balon

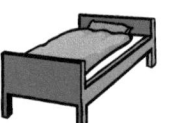

кровать

yataq

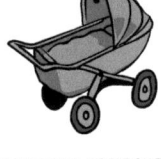

детская коляска

uşaq arabası

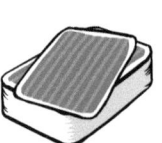

карточная игра

kart dəsti

пазл

elektrik mişarı

SUPER
MEGA

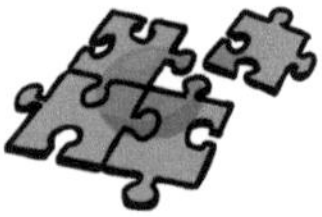

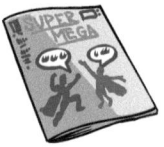

комикс

komik

кирпичики Лего

leqo kərpici

кубики

konstruktor blokları

игрушечная фигурка

oyuncaq-personaj

ползунки

yeni doğulmuş körpələr
üçün geyimi

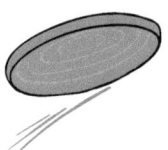

фрисби

frisbi

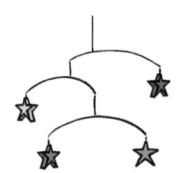

мобиле

yataq üstünə asılan körpə
oyuncağı

настольная игра

masaüstü oyun

кубик

zər

модель железной дороги

oyuncaq qatar

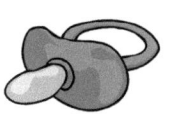

соска

emzik

вечеринка

qonaqlıq

книга с картинками

rəsmli kitab

мяч

top

кукла

kukla

играть

oynamaq

песочница

qum qutusu

качели

yelləncək

игрушка

oyuncaqlar

игровая приставка

video oyun konsolu

трёхколесный велосипед

üç təkərli velosiped

плюшевый медвежонок

plüşdən hazırlanmış oyuncaq ayı

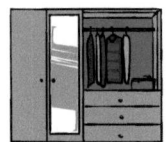

шкаф для одежды

şkaf

# одежда

# geyim

носки

corab

чулки

corab

колготки

kalqotka

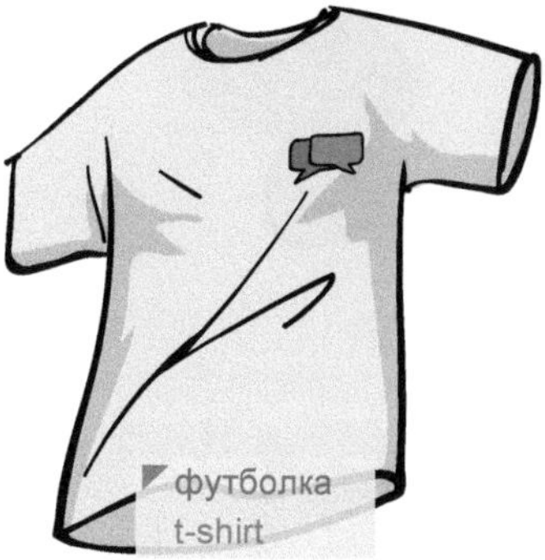

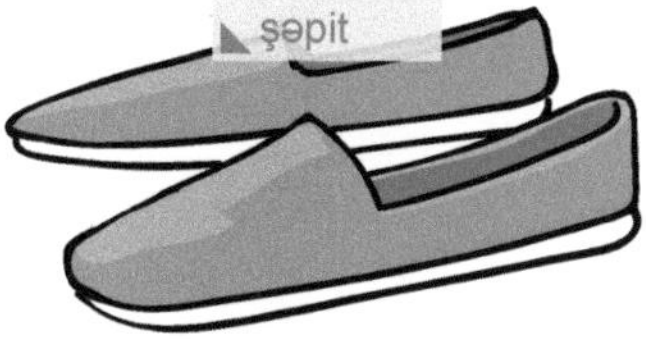

шарф
kaşne

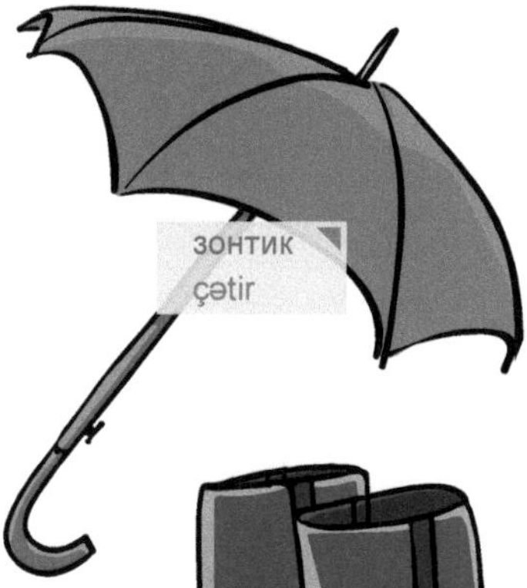

ремень
kəmər

зонтик
çətir

футболка
t-shirt

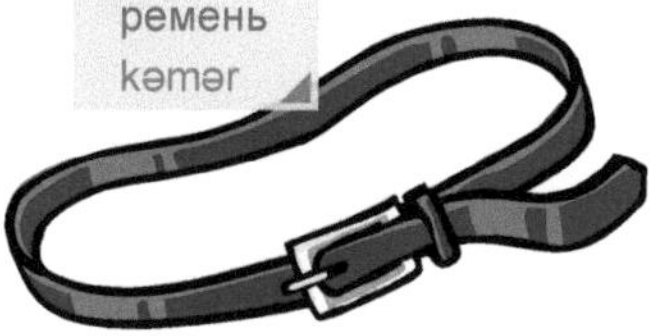

сапоги
çəkmə

тапки
şəpit

кроссовки
idman ayaqqabısı

сандалии
..................
sandallar

ботинки
..................
ayaqqabı

резиновые сапоги
..................
rezin çəkmələr

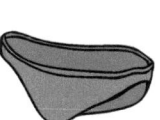

трусы
..................
dizlik

бюстгальтер
..................
lifçik

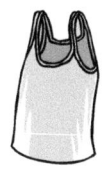

майка
..................
alt köynəyi

боди

alt paltarı

брюки

şalvar

джинсы

cins

юбка

yubka

блузка

bluza

рубашка

köynək

свитер

sviter

свитер

başlıqlı idman gödəkçəsi

спортивная куртка

gödəkçə

жакет

gödəkcə

пальто

pencək

плащ

plaş

костюм

kostyum

платье

paltar

свадебное платье

gəlin paltarı

мужской костюм

kostyum

ночная сорочка

gecə köynəyi

пижама

pijama

сари

sari

платок

hicab / eşarp

тюрбан

çalma

паранджа

burka

кафтан

kaftan

абайя

abaya

купальник

çimərlik geyimi

плавки

tumuş

шорты

şort

спортивный костюм

məşq kostyumu

фартук

önlük

перчатки

əlcək

пуговица

düymə

очки

eynək

браслет

bilərzik

цепочка

boyunbağı

кольцо

üzük

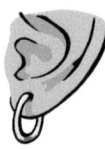

серьга

sırğa

шапка

papaq

вешалка

asılqan

шляпа

papaq

галстук

qalstuk

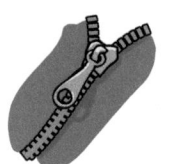

застежка молния

zəncirbənd

шлем

dəbilqə

подтяжки

aşırma

школьная форма

məktəb uniforması

форма

uniforma

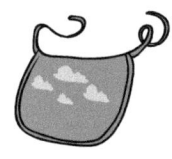

детский нагрудник

döşlük

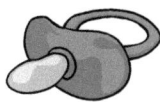

соска

emzik

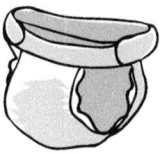

подгузник

körpə bezi

# офис

# ofis

сервер
server
канцелярский шкаф
arxiv şkafı
принтер
printer
бумага
kağız
монитор
monitor
мышь
siçan
письменный стол
iş masası
папка
qovluq
клавиатура
klaviatura
корзина для бумаг
zibil qutusu
компьютер
kompyuter
стул
stul

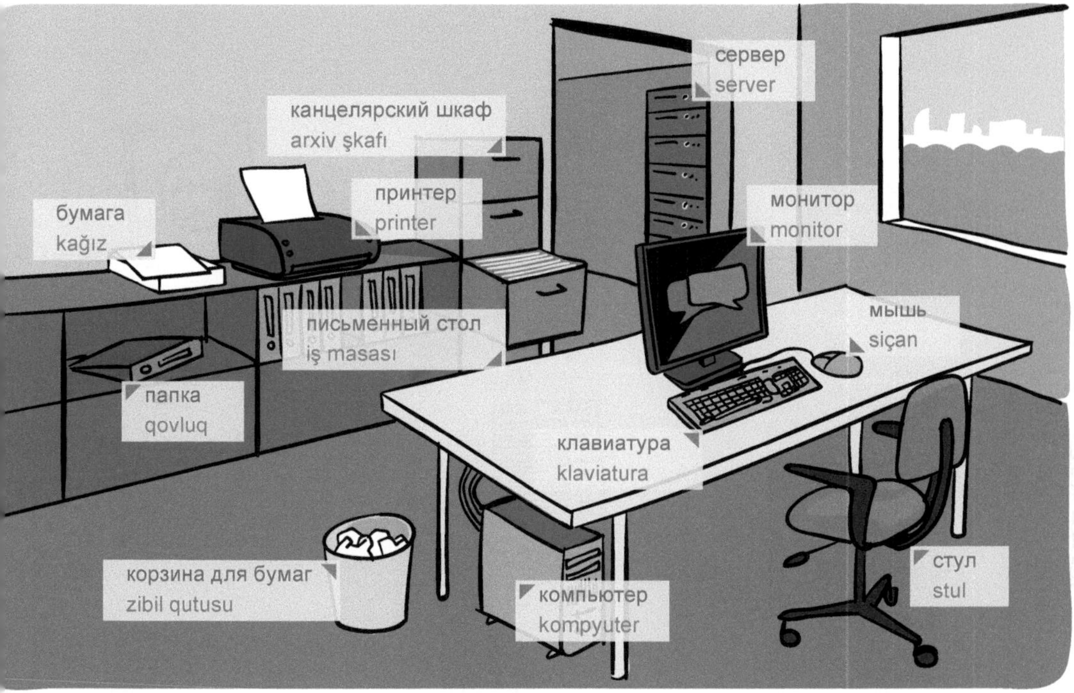

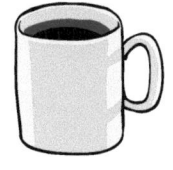

кофейная кружка

qəhvə fincanı

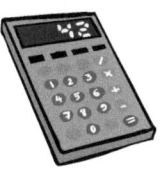

калькулятор

kalkulyator

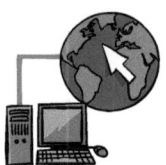

интернет

internet

ноутбук

laptop

письмо

məktub

сообщение

mesaj

мобильный телефон

mobil telefon

сеть

şəbəkə

ксерокс

surətçıxaran maşın

программа

proqram təminatı

телефон

telefon

розетка

ştepsel

факс

faks

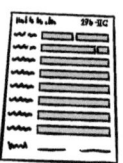

формуляр

forma

документ

sənəd

покупать

satın almaq

платить

ödəmək

торговать

alverlə məşğul olmaq

деньги

pul

доллар

dollar

евро

avro

иена

yen

рубль

rubl

франк

frank

жэньминьби юань

renminbi yuan

рупия

rupi

банкомат

bankomat

пункт обмена валюты

valyuta mübadiləsi
məntəqəsi

золото

qızıl

серебро

gümüş

нефть

neft

энергия

enerji

цена

qiymət

договор

müqavilə

налог

vergi

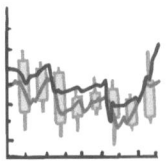

акция

səhm

работать

işləmək

служащий

işçi

работодатель

işəgötürən

фабрика

fabrik

магазин

dükan

# профессии
# peşə

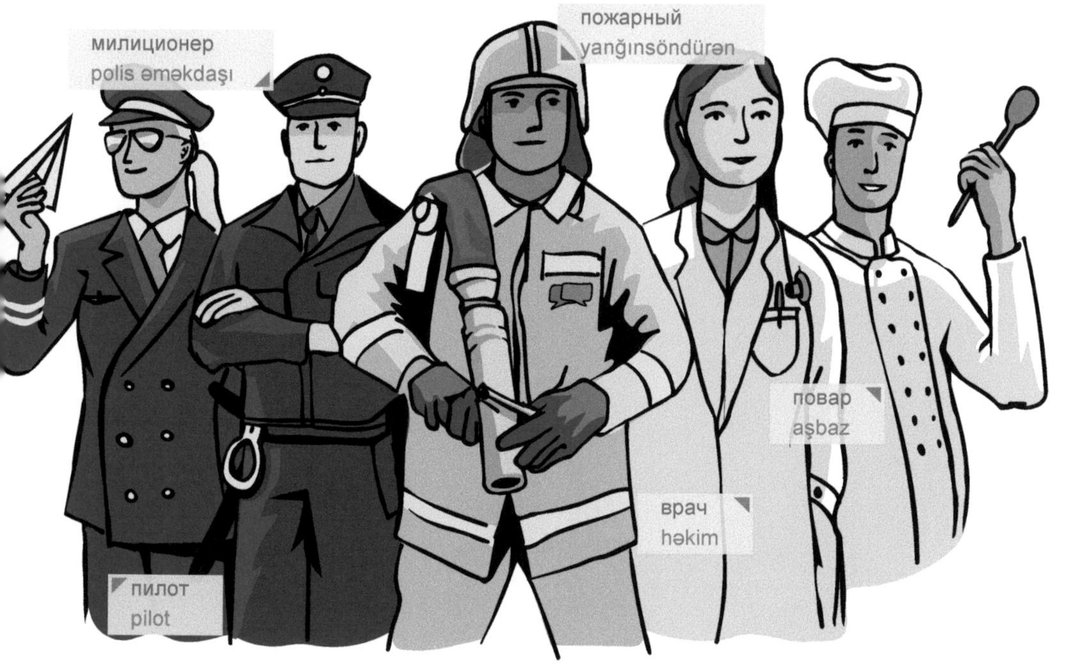
пожарный
yanğınsöndürən
милиционер
polis əməkdaşı
повар
aşbaz
врач
həkim
пилот
pilot

садовник
bağban

столяр
dülgər

швея
dərzi

судья
hakim

химик
kimyaçı

актёр
aktyor

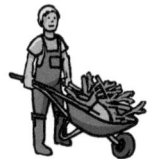

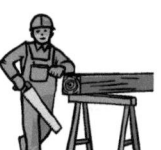

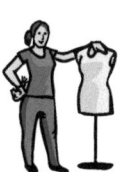

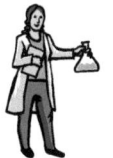

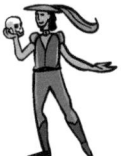

водитель автобуса

avtobus sürücüsü

таксист

taksi sürücüsü

рыбак

balıqçı

уборщица

xadimə

кровельщик

dam işçisi

официант

ofisiant

охотник

ovçu

художник

rəssam

пекарь

çörəkçi

электрик

elektrik ustası

строитель

inşaat işçisi

инженер

mühəndis

мясник

qəssab

сантехник

santexnik

почтальон

poçtalyon

профессии - peşə

солдат

əsgər

архитектор

memar

кассир

kassir

флорист

gül-çiçək satıcısı

парикмахер

bərbər

кондуктор

konduktor

механик

mexanik

капитан

kapitan

зубной врач

diş həkimi

ученый

alim

раввин

ravvin

имам

imam

монах

rahib

священник

keşiş

# инструменты

# alətlər

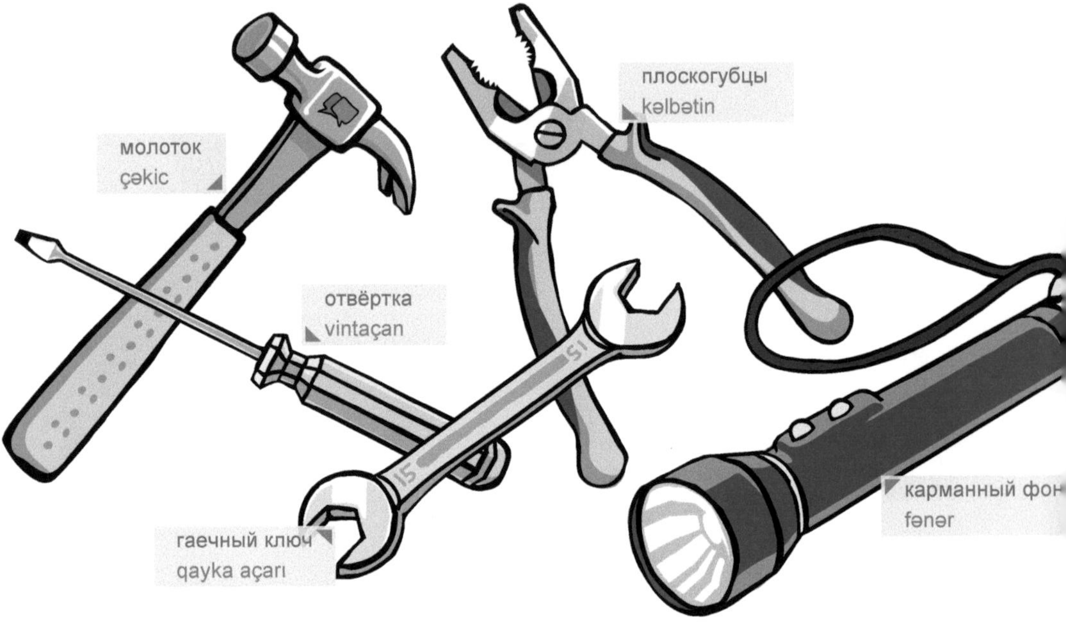
молоток
çəkic
плоскогубцы
kəlbətin
отвёртка
vintaçan
гаечный ключ
qayka açarı
карманный фон
fənər

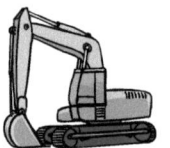

экскаватор

ekskavator

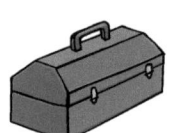

ящик для инструментов

alətlər qutusu

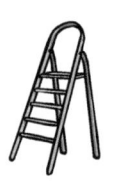

стремянка

nərdivan

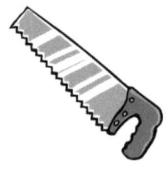

пила

mişar

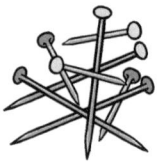

гвозди

dırnaqlar

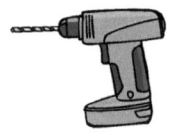

дрель

drel

ремонтировать

təmir etmək

лопата

kürək

Блин!

Lənət olsun!

совок

xəkəndaz

ведро с краской

boya vedrəsi

винты

vintlər

# музыкальные инструменты
## musiqi alətləri

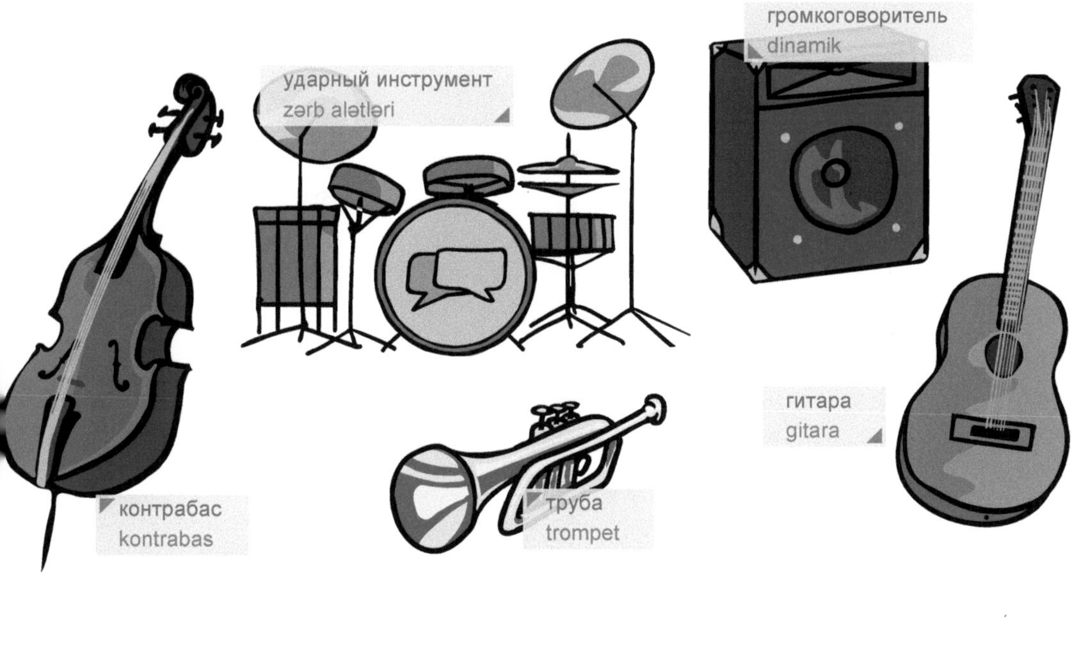

громкоговоритель
dinamik

ударный инструмент
zərb alətləri

контрабас
kontrabas

труба
trompet

гитара
gitara

пианино

fortepiano

скрипка

skripka

бас-гитара

bas

литавры

timpani

барабан

nağara

синтезатор

sintezator

саксофон

saksafon

флейта

fleyta

микрофон

mikrofon

# зоопарк
# zoopark

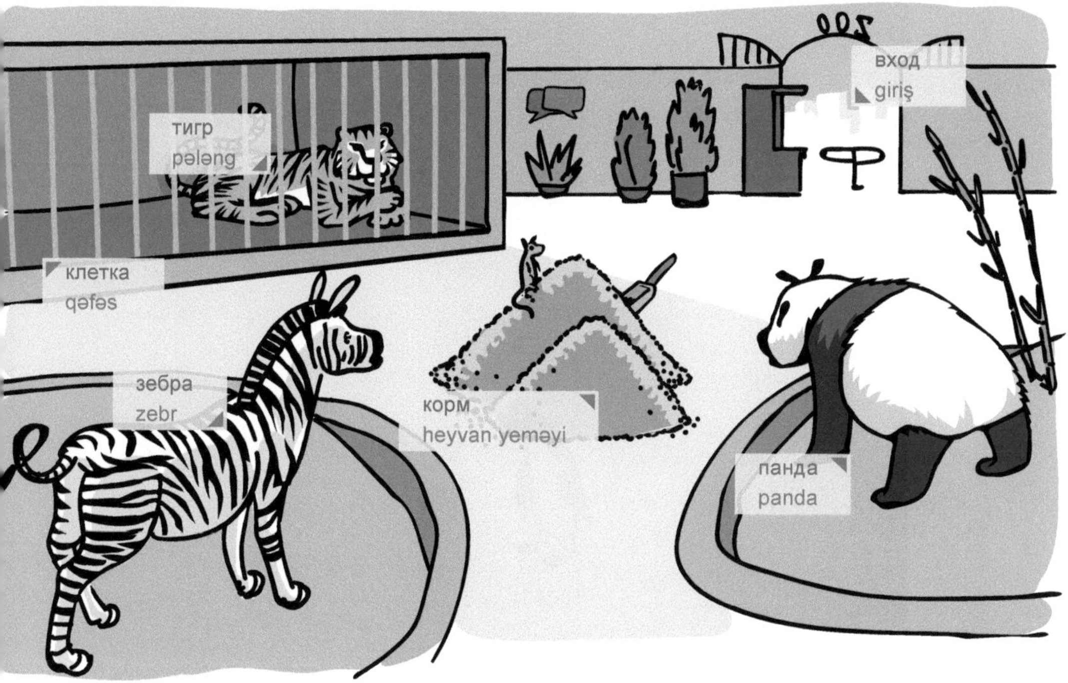

вход
giriş
тигр
pələng
клетка
qəfəs
зебра
zebr
корм
heyvan yeməyi
панда
panda


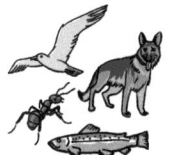

животные

heyvanlar

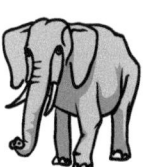

слон

fil

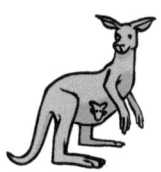

кенгуру

kenquru

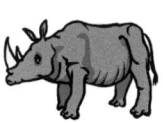

носорог

kərgədan

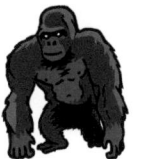

горилла

qorilla

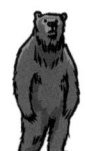

медведь

ayı

верблюд

dəvə

страус

dəvəquşu

лев

aslan

обезьяна

meymun

фламинго

flamingo

попугай

tutuquşu

белый медведь

qütb ayısı

пингвин

pinqvin

акула

köpəkbalığı

павлин

tovuz

змея

ilan

крокодил

timsah

служитель зоопарка

zoopark işçisi

тюлень

suiti

ягуар

yaquar

пони

poni

леопард

bəbir

бегемот

hippopotam

жираф

zürafə

орёл

qartal

кабан

qaban

рыба

balıq

черепаха

tısbağa

морж

morj

лиса

tülkü

газель

ceyran

американский футбол
amerikan futbolu

езда на велосипеде
velosiped sürmək

теннис
tennis

баскетбол
basketbol

плавание
üzgüçülük

бокс
boks

хоккей
buz xokkeyi

футбол
futbol

бадминтон
badminton

лёгкая атлетика
yüngül atletika

гандбол
həndbol

лыжный спорт
xizək

поло
polo

# действия

## fəaliyyət

прыгать
tullanmaq
обнимать
qucaqlaşmaq
смеяться
gülmək
идти
getmək
петь
oxumaq
мечтать
yuxu qörmək
молиться
dua etmək
целовать
öpüşmək


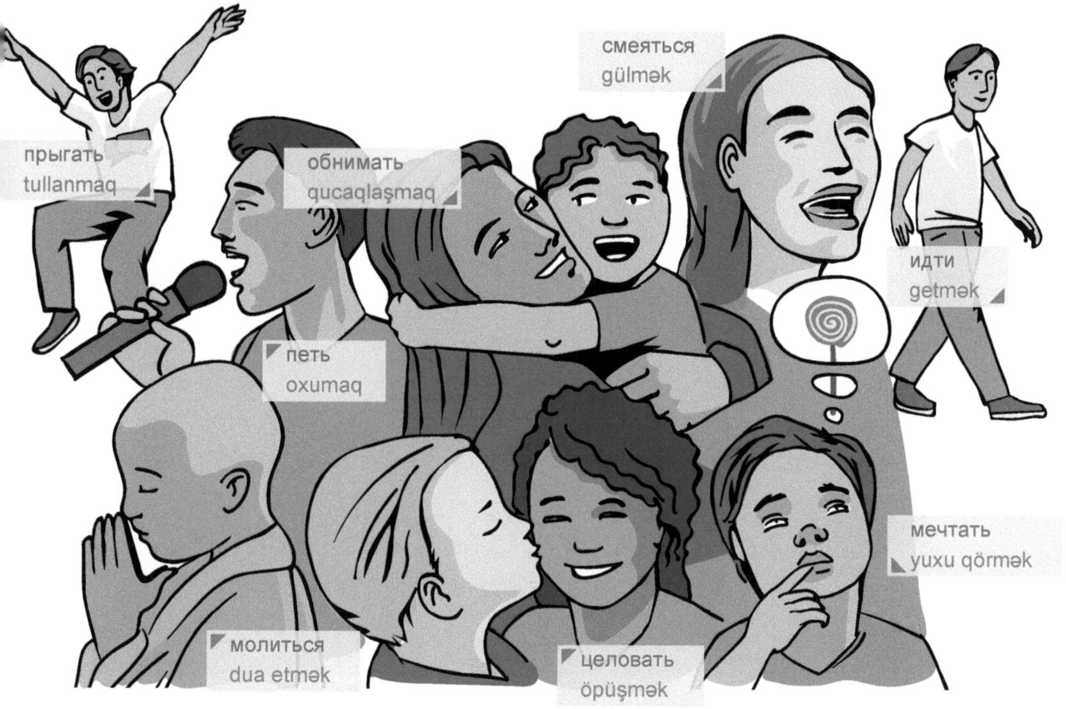

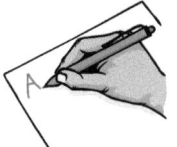

писать

yazmaq

рисовать

çəkmək

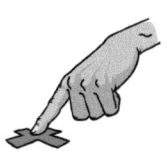

показывать

göstərmək

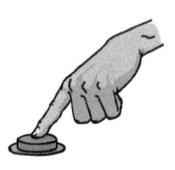

нажимать

itələmək

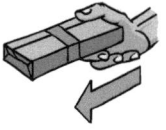

давать

vermək

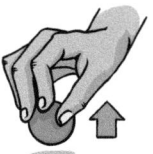

брать

götürmək

иметь

sahibi olmaq

делать

etmək

быть

olmaq

стоять

durmaq

бежать

qaçmaq

тянуть

çəkmək

бросать

atmaq

падать

düşmək

лежать

uzanmaq

ждать

gözləmək

носить

daşımaq

сидеть

oturmaq

надевать

geyinmək

спать

yatmaq

просыпаться

ayılmaq

рассматривать

baxmaq

плакать

ağlamaq

гладить

sığallamaq

причесывать

daramaq

говорить

danışmaq

понимать

anlamaq

спрашивать

soruşmaq

слушать

dinləmək

пить

içmək

кушать

yemək

наводить порядок

təmizləmək

любить

sevmək

готовить

bişirmək

ехать

sürmək

летать

uçmaq

ходить под парусом

üzmək

считать

hesablamaq

читать

oxumaq

учиться

öyrənmək

работать

işləmək

вступать в брак

evlənmək

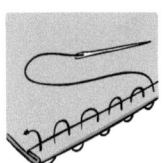

шить

tikmək

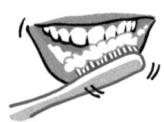

чистить зубы

dişləri təmizləmək

убивать

öldürmək

курить

siqaret çəkmək

отправлять

göndərmək

# семья
# ailə

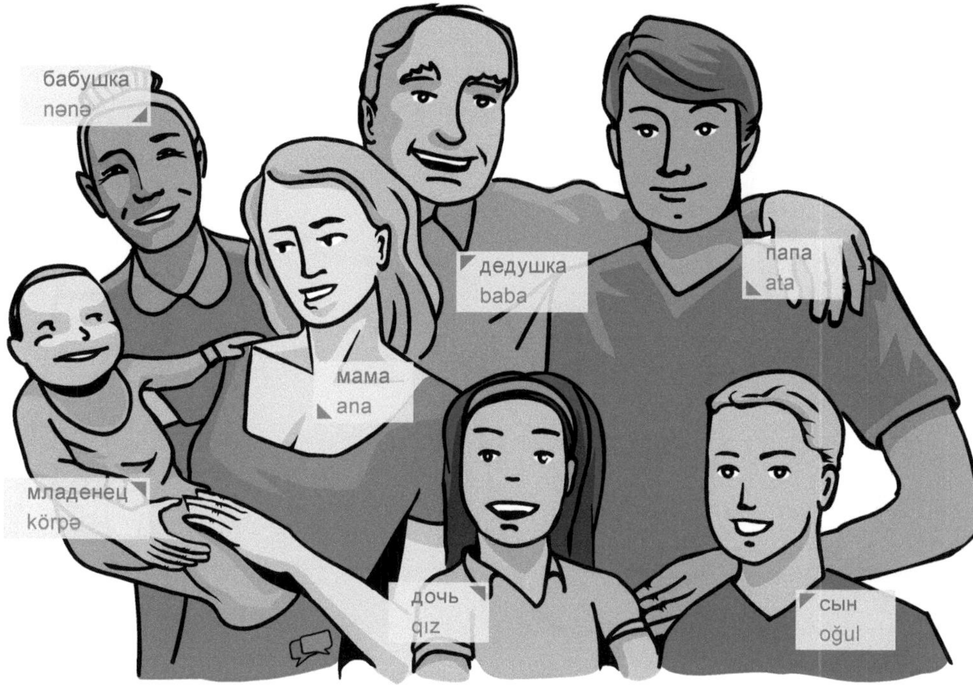

бабушка
nənə
дедушка
baba
папа
ata
мама
ana
младенец
körpə
дочь
qız
сын
oğul


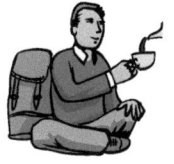

гость

qonaq

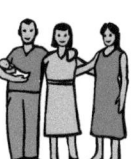

тетя

xala/bibi

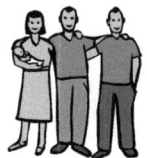

дядя

əmi/dayı

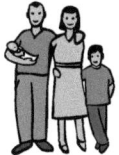

брат

qardaş

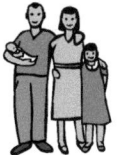

сестра

bacı

# тело
# bədən

лоб
alın
глаз
göz
плечо
çiyin
палец
barmaq
лицо
üz
подбородок
buxaq
кисть
əl
нога
ayaq
грудь
döş
рука
qol

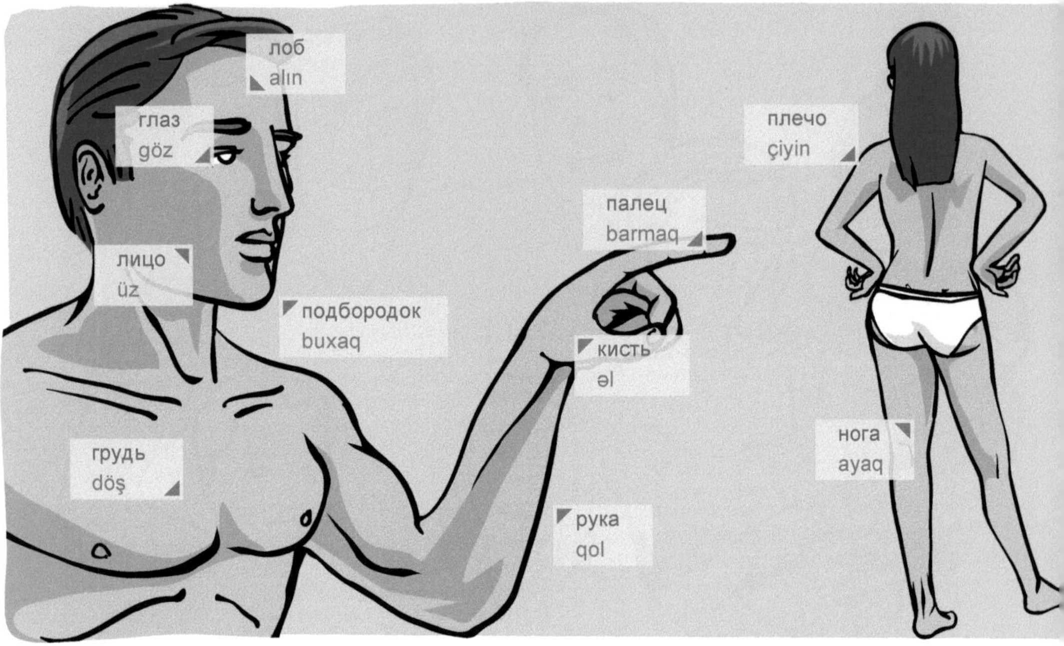

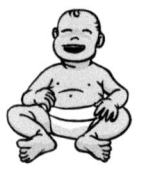

младенец

körpə

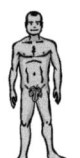

мужчина

kişi

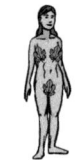

женщина

qadın

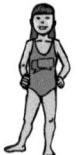

девочка

qız

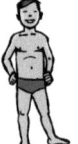

мальчик

oğlan

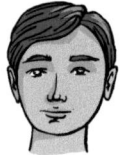

голова

baş

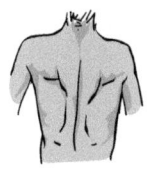

спина

bel

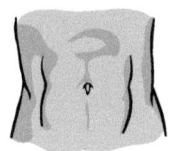

живот

qarın

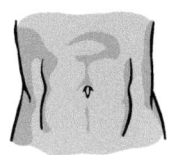

пупок

göbək

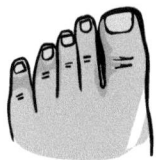

палец ноги

ayaq barmağı

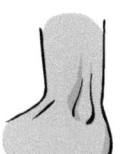

пятка

daban

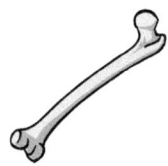

кость

sümük

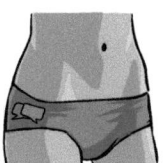

бедро

bud

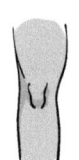

колено

diz

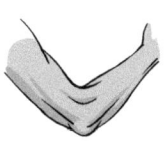

локоть

dirsək

нос

burun

ягодицы

sağrı

кожа

dəri

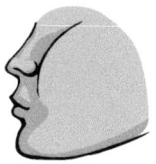

щека

yanaq

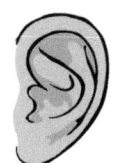

ухо

qulaq

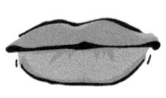

губа

dodaq

рот

ağız

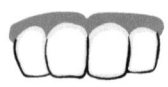

зуб

diş

язык

dil

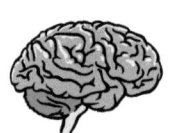

мозг

beyin

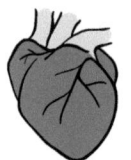

сердце

ürək

мышца

əzələ

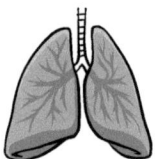

лёгкое

ağciyər

печень

qaraciyər

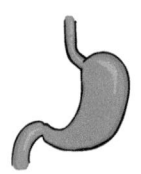

желудок

mədə

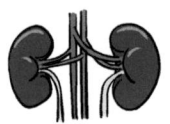

почки

böyrəklər

половой акт

cinsi yaxınlıq

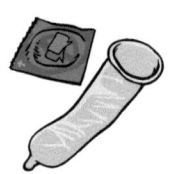

презерватив

kondom

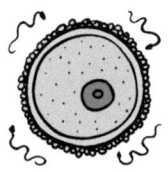

яйцеклетка

qadın cinsi hüceyrə

сперма

sperma

беременность

hamiləlik

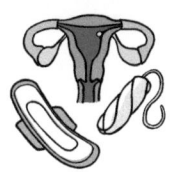

менструация
........................
aybaşı

вагина
........................
vagina

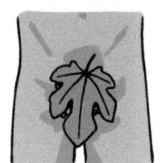

пенис
........................
penis

бровь
........................
qaş

волосы
........................
saç

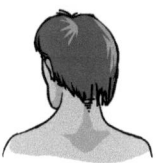

шея
........................
boyun

# больница
# xəstəxana

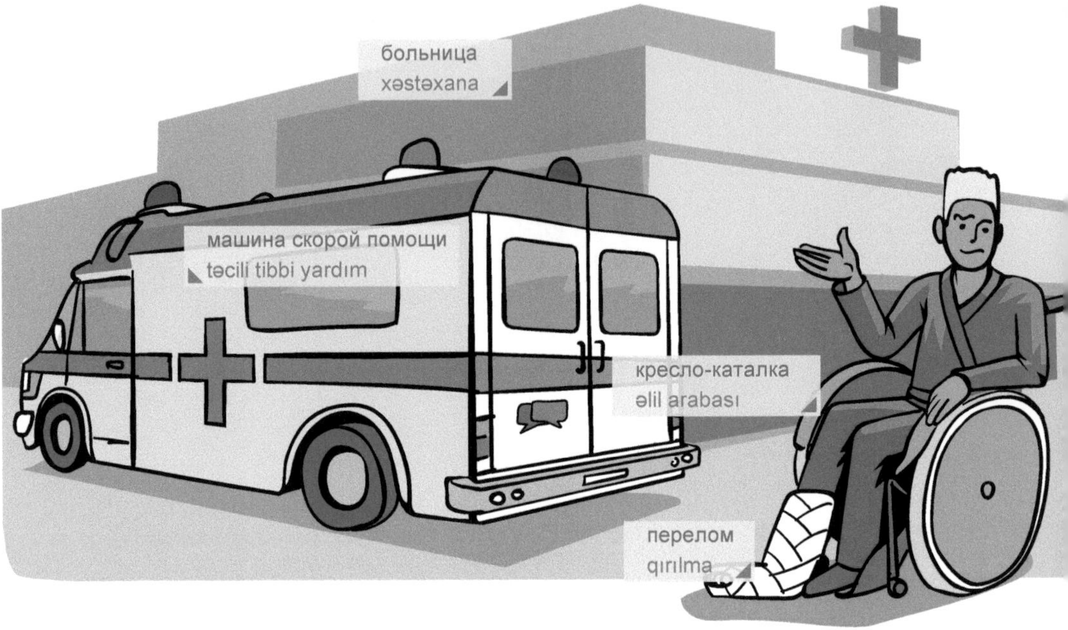

больница
xəstəxana
машина скорой помощи
təcili tibbi yardım
кресло-каталка
əlil arabası
перелом
qırılma

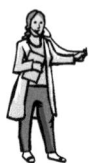

врач
həkim

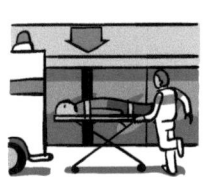

пункт первой помощи
reanimasiya şöbəsi

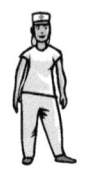

медсестра
tibb bacısı

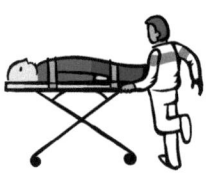

неотложный случай
fövqəladə hallar

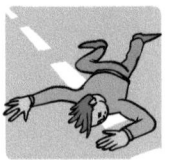

без сознания
huşunu itirmiş

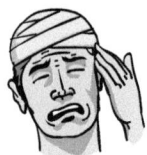

боль
ağrı

повреждение

zədə

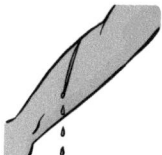

кровотечение

qanaxma

инфаркт

infarkt

инсульт

insult

аллергия

allergiya

кашель

öskürək

повышенная температура

qızdırma

грипп

qrip

понос

ishal

головная боль

başağrısı

рак

xərçəng

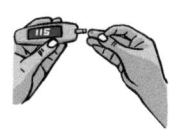

диабет

şəkərli diabet

хирург

cərrah

скальпель

neştər

операция

əməliyyat

КТ

CT

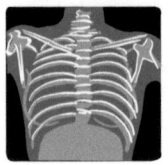

рентген

rentgen

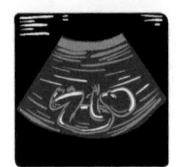

ультразвук

ultrasəs

маска

maska

болезнь

xəstəlik

приёмная

gözləmə otağı

костыль

qoltuqağacı

пластырь

plaster

бинт

sarğı

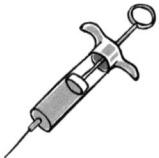

укол

inyeksiya

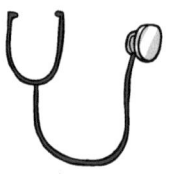

стетоскоп

steteskop

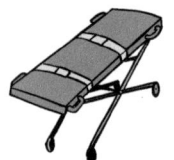

носилки

xərək

термометр

hərarətölçən

рождение

doğum

избыточный вес

çəki artıqlığı

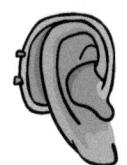

слуховой аппарат

eşitmə aparatı

дезинфекционное средство

dezinfeksiyaedici

инфекция

infeksiya

вирус

virus

ВИЧ / СПИД

QİÇS

лекарство

tibb

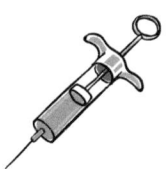

прививка

peyvənd

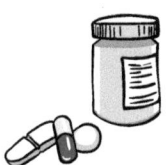

таблетки

həblər

противозачаточная таблетка

həb

экстренный вызов

təcili zəng

прибор для измерения кровяного давления

qan təzyiqini ölçmək üçün cihaz

больной / здоровый

xəstə / sağlam

Помогите!

Kömək edin!

сигнал тревоги

həyəcan siqnalı

нападение

basqın

атака

hücum

опасность

təhlükə

запасной выход

ehtiyat çıxışı

Пожар!

Yanğın!

огнетушитель

odsöndürən

несчастный случай

qəza

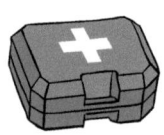

аптечка

ilkin yardım qutus

SOS

SOS

милиция

polis

Европа

Avropa

Северная Америка

Şimali Amerika

Южная Америка

Cənubi Amerika

Африка

Afrika

Азия

Asiya

Австралия

Avstraliya

Атлантический океан

Atlantik

Тихий океан

Sakit Okean

Индийский океан

Hind okeanı

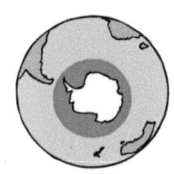

Антарктический океан

Antarktika Okeanı

Северный Ледовитый
океан
Şimal Buzlu okeanı

Северный полюс

Şimal qütbü

Южный полюс

Cənub qütbü

Антарктика

Antarktika

земля

Yer kürəsi

суша

ölkə

море

dəniz

остров

ada

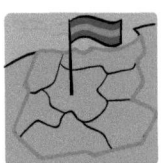

нация

millət

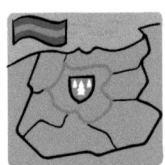

государство

dövlət

циферблат

siferblat

часовая стрелка

saat əqrəbi

минутная стрелка

dəqiqə əqrəbi

секундная стрелка

saniyə əqrəbi

Который час?

Saat neçədir?

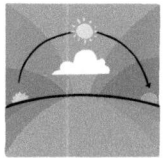

день

gün

время

vaxt

сейчас

indi

электронные часы

rəqəmsal saat

минута

dəqiqə

час

saat

# неделя

## həftə

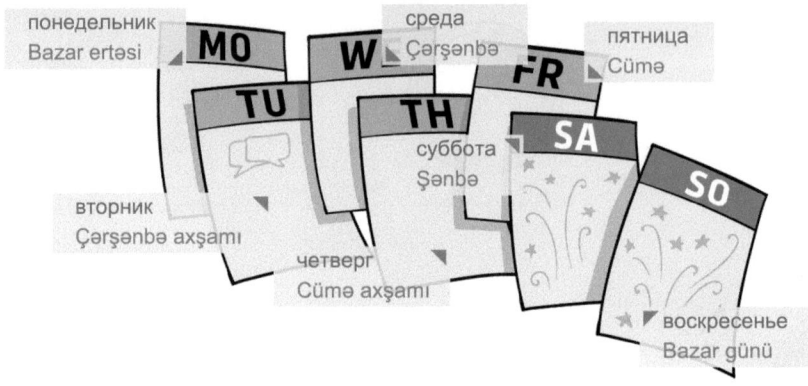

понедельник
Bazar ertəsi

**MO**

среда
Çərşənbə

**W**

пятница
Cümə

**FR**

**TU**

**TH**

**SA**

вторник
Çərşənbə axşamı

суббота
Şənbə

**SO**

четверг
Cümə axşamı

воскресенье
Bazar günü

вчера

dünən

сегодня

bugün

завтра

sabah

утро

səhər

полдень

günorta

вечер

axşam

| MO | TU | WE | TH | FR | SA | SU |
|----|----|----|----|----|----|----|
| 1 | 2 | 3 | 4 | 5 | 6 | 7 |
| 8 | 9 | 10 | 11 | 12 | 13 | 14 |
| 15 | 16 | 17 | 18 | 19 | 20 | 21 |
| 22 | 23 | 24 | 25 | 26 | 27 | 28 |
| 29 | 30 | 31 | 1 | 2 | 3 | 4 |

рабочие дни

iş günü

| MO | TU | WE | TH | FR | SA | SU |
|----|----|----|----|----|----|----|
| 1 | 2 | 3 | 4 | 5 | 6 | 7 |
| 8 | 9 | 10 | 11 | 12 | 13 | 14 |
| 15 | 16 | 17 | 18 | 19 | 20 | 21 |
| 22 | 23 | 24 | 25 | 26 | 27 | 28 |
| 29 | 30 | 31 | 1 | 2 | 3 | 4 |

выходные

həftə sonu

# год
# il

дождь
yağış
радуга
göy qurşağı
снег
qar
ветер
külək
весна
yaz
осень
payız
лето
yay
зима
qış


4.APRIL 11°
5.APRIL 4°
6.APRIL 13°
7.APRIL 8°
8.APRIL 10°


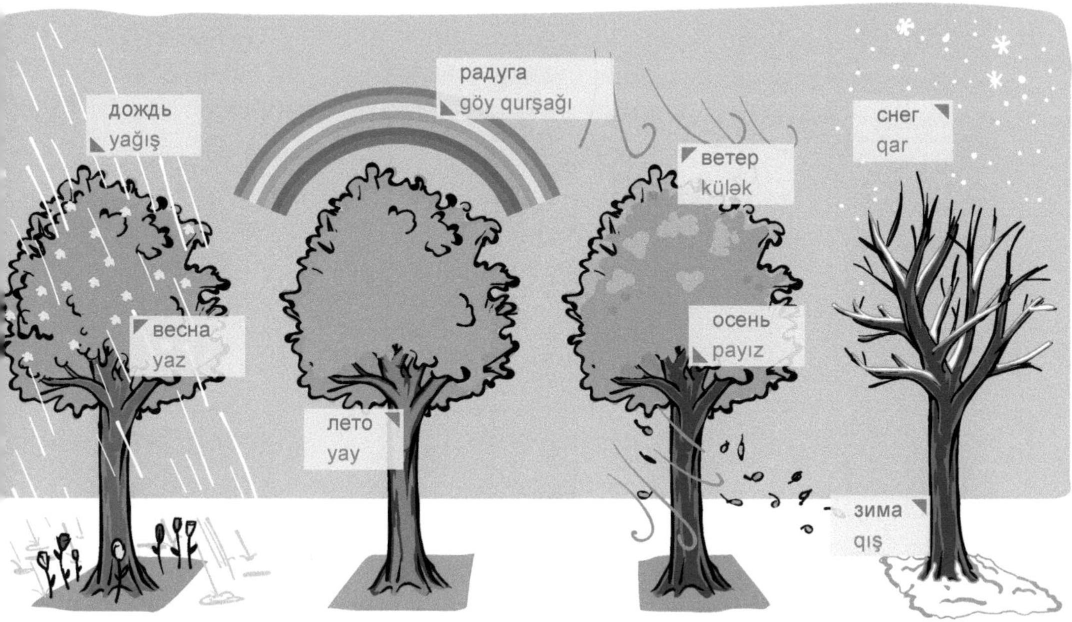

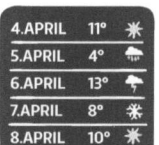

прогноз погоды

hava proqnozu

F C
120 40
90 30
60 20
30 10
0 0
-30 -10
-20


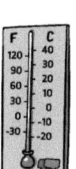

термометр

termometr

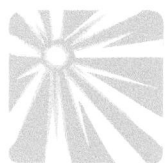

солнечный свет

günəş işığı

туча

bulud

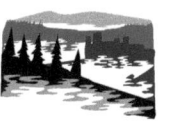

туман

duman

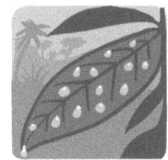

влажность воздуха

rütubət

молния

ildırım

гром

göy gurultusu

буря

fırtına

град

dolu

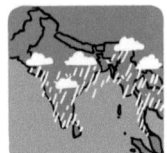

муссон

musson

наводнение

daşqın

лёд

buz

январь

yanvar

февраль

fevral

март

mart

апрель

aprel

май

may

июнь

iyun

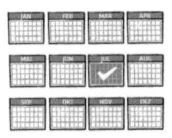

июль

iyul

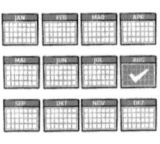

август

avqust

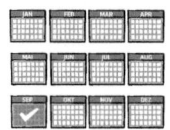

сентябрь

sentyabr

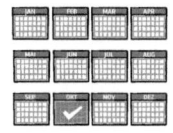

октябрь

oktyabr

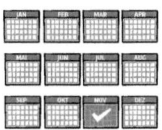

ноябрь

noyabr

декабрь

dekabr

# формы
## formalar

круг

dairə

квадрат

kvadrat

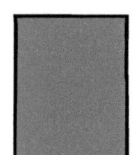

прямоугольник

düzbucaqlı

треугольник

üçbucaq

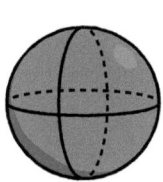

шар

kürə

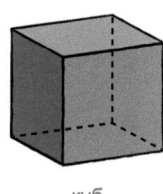

куб

kub

белый

ağ

желтый

sarı

оранжевый

narıncı

розовый

çəhrayı

красный

qırmızı

лиловый

bənövşəyi

синий

mavi

зелёный

yaşıl

коричневый

palıdı

серый

boz

черный

qara

много / мало

çox / az

яростный / мирный

qeyzli / sakit

красивый / уродливый

yaraşıqlı / eybəcər

начало / конец

başlanğıc / son

большой / маленький

böyük / kiçik

светлый / темный

işıqlı / qaranlıq

брат / сестра

qardaş / bacı

чистый / грязный

təmiz / kirli

полный / неполный

tam / natamam

день / ночь

gündüz / gecə

мёртвый / живой

ölü / diri

широкий / узкий

geniş / dar

съедобный / несъедобный

yemeli / yeyilməyən

злой / дружелюбный

hirsli / mehriban

взволнованный /
скучающий

həyəcanlı / bezmiş

толстый / худой

kök / arıq

сначала / в конце

ilk / son

друг / враг

dost / düşmən

полный / пустой

dolu / boş

твёрдый / мягкий

sərt / yumşaq

тяжёлый / лёгкий

ağır / yüngül

голод / жажда

aclıq / susuzluq

больной / здоровый

xəstə / sağlam

незаконный / законный

qanunsuz / qanuni

умный / глупый

ağıllı / axmaq

слева / справа

sol / sağ

близко / далеко

yaxın / uzaq

новый / подержанный

yeni / istifadə edilmiş

ничто / нечто

heç bir şey / bir şey

старый / молодой

qoca / gənc

включено / выключено

açma / bağlama

открыто / закрыто

açıq / bağlı

тихо / громко

sakit/ bərk

богатый / бедный

varlı / kasıb

правильный /
неправильный
düzgün / səhv

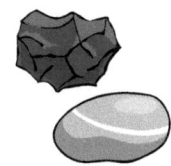

шероховатый / гладкий

kobud / hamar

печальный / счастливый

kədərli / xoşbəxt

короткий / длинный

qısa / uzun

медленный / быстрый

yavaş / sürətli

мокрый / сухой

yaş / quru

тёплый / прохладный

isti / sərin

война / мир

müharibə / sülh

**0**

ноль

sıfır

**1**

один

bir

**2**

два

iki

**3**

три

üç

**4**

четыре

dörd

**5**

пять

beş

**6**

шесть

altı

**7**

семь

yeddi

**8**

восемь

səkkiz

**9**

девять

doqquz

**10**

десять

on

**11**

одиннадцать

on bir

## 12
двенадцать

on iki

## 13
тринадцать

on üç

## 14
четырнадцать

on dörd

## 15
пятнадцать

on beş

## 16
шестнадцать

on altı

## 17
семнадцать

on yeddi

## 18
восемнадцать

on səkkiz

## 19
девятнадцать

on doqquz

## 20
двадцать

iyirmi

## 100
сто

yüz

## 1.000
тысяча

min

## 1.000.000
миллион

milyon

английский

İngilis dili

американский английский

İngilis dilinin amerikan variantı

мандаринский китайский

Çin dilinin Mandarin dialekti

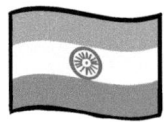

хинди

Hind dili

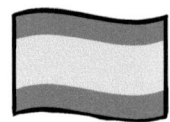

испанский

İspan dili

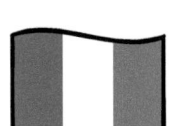

французский

Fransız dili

арабский

Ərəb dili

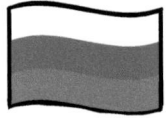

русский

Rus dili

португальский

Portuqal dili

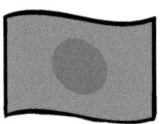

бенгальский

Benqal dili

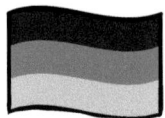

немецкий

Alman dili

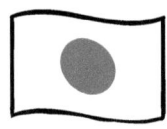

японский

Yapon dili

я

mən

ты

sən

он / она / оно

o / o / o

мы

biz

вы

siz

они

onlar

кто?

kim?

что?

nə?

как?

necə?

где?

harada?

когда?

nə zaman?

имя

ad

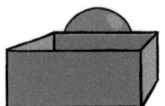

за

arxadan

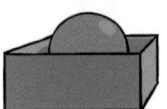

в

içində

перед

qarşısında

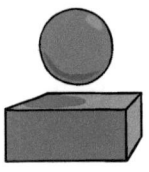

над

üzərində

на

dair

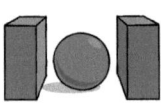

под

altında

рядом

yanaşı

между

arasında

место

yer